Ein Senfkorn für die Welt

Die Glaubensfrüchte des Kinderpredigers Jonas Eilers aus Timmel in Ostfriesland

Hans-Jürgen Sträter

Impressum:	**Ein Senfkorn für die Welt**
	Die Glaubensfrüchte des Kinderpredigers
	Jonas Eilers aus Timmel in Ostfriesland
ISBN-№:	978-3-9814195-6-6
	2. Auflage vom 01. 12.2023
(Hrsg.) V.i.S.P.:	Adlerstein Verlag, Hans-Jürgen Sträter
Herstellung und Verlag:	BoD – Books on Demand, Norderstedt
Coverbild:	„Der zwölfjährige Jesus im Tempel"
	von Max Liebermann (1847 – 1935)
	Kunsthalle Hamburg, aus wikimedia commons

© Adlerstein Verlag Wiesmoor, 2023

„Gesegnet sei die Gnadenzeit,
in der auch ungeübte Knaben
Befehl und Macht erhalten haben,
zu werben für die Seligkeit!"
Nikolaus Ludwig Graf von Zinzendorf (1700 - 1760)

Bei dem „Timmelfreund" Menno Jelten möchte ich mich hiermit herzlich bedanken, der mich auf den Kinderprediger Jonas Eilers aufmerksam gemacht hat. In der Timmeler Kirche „Peter und Paul" traf ich Kerstin Buss, die die Arbeit an diesem Buch, bis zum Lektorat, freudig unterstützte. Auch anschließend bekam ich vielfältige Hinweise und Tipps von allen, die ich auf diese Geschichte aus Ostfriesland ansprach.

Als ich z. B. einen Termin bei dem Vorstandsvorsitzenden des Leinerstiftes, Herrn Dietmar Kluin, hatte, waren schon etliche Kopien aus der Historie von Pastor Leiners für mich vorbereitet worden.

Zu dem Leben des Pastor Rudolf Heinrich Taute bekam ich Dokumente von Herrn Superintendent Burghard Klemenz und Schulrat i. R. Günther Robra, beide aus Leer.

Der Pietismusforscher und Tersteegenkenner aus Mainz, Herr Prof. Dr. Gustav Adolf Benrath, sandte mir sogar einen Brief von Gerhard Tersteegen an Pastor Taute und gab mir seinen Aufsatz über Tersteegens Lied „Jauchzet ihr Himmel".

Auch Dr. Klaus Röber, Historiker der Gossnermission Berlin, war mir eine besondere Hilfe bei den Nachforschungen.

Von Familie Trauernicht habe ich dazu ganz aktuelle Infos erhalten, die den roten Faden der Geschichte, beginnend von Jonas Eilers bis in die Gegenwart, abschließen.

Ebenfalls allen anderen, die die Erstellung unseres Buches ermöglicht haben, möchte ich herzlich danken.

Und aus einer kleinen Idee, einem „Senfkorn" gleich, entstand ein Buch, ein „Baum", dessen Früchte nicht nur in Ostfriesland Freude bereiten möchten ...

Inhaltsverzeichnis   Seite

„Das Himmelreich gleicht einem Senfkorn,
das ein Mensch nahm
und auf seinen Acker säte;
das ist das kleinste unter allen Samenkörnern;
wenn es aber gewachsen ist,
so ist es größer als alle Kräuter
und wird ein Baum, sodass die Vögel
unter dem Himmel kommen
und wohnen in seinen Zweigen"
Matthäus 13, 31. + 32.

Vorwort

„Warum ist es in Ostfriesland so schön?" Auf diese Frage werden Urlauber und Menschen, die hier ihre neue Heimat gefunden haben, manche Antworten geben.

Da wird die Natur erwähnt und dass man nirgends so viel Himmel sehen kann, wie hier im Nordwesten Deutschlands. Und dass die Bevölkerung sehr herzlich, freundlich und hilfsbereit ist, das wird ebenfalls oft als Antwort gegeben.

Ist man also dem „Himmel" in Ostfriesland auch etwas näher und was hat das "Himmelreich" mit einem Senfkorn zu tun?!

Gehen wir doch einmal auf Spurensuche:

1710 gründete ein zehnjähriger Junge einen **Senfkorn-Orden**. Aus **Nikolaus Ludwig Graf von Zinzendorfs** „Senfkorn" wurde die **Herrnhuter Brüdergemeine**, ein großer „Baum" mit einer weltumspannenden Dimension.

Zinzendorfs Lied **„Herz und Herz vereint zusammen sucht in Jesu Herzen Ruh"** wird in vielen Sprachen gesungen.

Dagegen ist die Geschichte des zehnjährigen Jonas Eilers (1768 - 1778) fast völlig unbekannt. In der kleinen Dorfkirche "Peter und Paul" in Timmel in Ostfriesland hängt eine Gedenktafel, die an diesen **Kinderprediger** erinnert, denn sein Seelsorger, Pastor Heinrich Rudolph Taute, schrieb damals einen Bericht über das Leben und Sterben dieses kleinen Missionars nieder. Anschließend gründete Pastor Taute eine "Particular-gesellschaft der Deutschen Christentumsgesellschaft" und kurze Zeit danach entstand mit seinem Freund und Nachbarn, Pastor Georg Siegmund Stracke aus Hatshausen, 1798 die **"Missionssocietät zum Senfkorn"** (den älteste Missionsverein Deutschlands) unter dessen Leitung.

Pastor Stracke pflegte wiederum enge Kontakte zu Zinzendorfs Herrnhuter Gemeine, wo er auch Pastor Johann Jänicke kennenlernte, der 1799 die Berliner Mission gründete.

Das Buch **"Ein Senfkorn für die Welt"** möchte zeigen, wie sich die kleine Aussaat unter dem **"ostfriesischen Himmel"** bis in die Gegenwart zu einem wunderbaren Glaubensbaum entwickeln konnte.

Der **Evangelist Johannes** berichtet, dass **Jesus** bei der Speisung der 5000 **die Gabe eines Kindes** (5 Brote und 2 Fische) nahm und die Menschen sättigte. (Joh. 6, 9.)

Hat sich diese "Speisung" bei den Ostfriesen in ähnlicher Form wiederholt und die Menschen so geprägt, dass wir das auch heute noch wahrnehmen können?

„**Man sieht nur mit dem Herzen gut**" sagte der „kleine Prinz" von Saint Exupery. Unser Buch möchte hier die Zusammenhänge, Hintergründe und Auswirkungen des Lebens des „**kleinen Prinzen Ostfrieslands**" Jonas Eilers sichtbar machen.

Lasst uns darüber wieder staunen lernen wie ein Kind...

mit herzlichen Grüßen

Hans-Jürgen Sträter

*„Timmel liegt mitten
unterm Himmel"*
ostfriesischer Volksmund

10

Anfänge der ostfriesischen Kirchengeschichte

Ein bekannter Höhepunkt der Christianisierung der Friesen ereignete sich am 5. Juni 754 (oder 755), als heidnische Friesen am Ufer des Flusses Boorne bei Dokkum (Niederlande) den 80-jährigen Bonifatius erschlugen. An diesem Tage wollte der „Apostel der Deutschen" zuvor getauften Friesen das Sakrament der *Firmung** spenden. Dass sich der Missionar in seinem hohen Alter noch in den Norden aufmachte, lässt auf eine besonders intensive Beziehung zu dieser Region schließen.

Die eigentliche Christianisierung der Ostfriesen erfolgte dann im Verlauf des 8. Jahrhunderts durch die Missionsbischöfe Liudger und Willehad. Der Osten Frieslands kam unter die Leitung des Bremer Bistums.

Doch die Friesen bestanden auch in kirchlichen Dingen früh auf Sonderrechte (Friesische Freiheit). Noch heute gibt es in Gemeinden das Interessentenwahlrecht (z. B. in Bagband). Die Kirchengemeinden können ihren Pastor selber wählen. Insbesondere im 18. und 19. Jahrhundert führte das dazu, dass oft Pietisten als Pastoren in dieser Region bevorzugt wurden. Nach Aussagen von Kirchenhistorikern ist deshalb der „Rationalismus" in Ostfriesland abgeschwächt worden.**

* Die Firmung ist laut Wikipedia das Sakrament, das den Heiligen Geist verleiht, um tiefer in die Gotteskindschaft zu verwurzeln, fester in Christus einzugliedern, die Verbindung mit der Kirche zu stärken, mehr an ihrer Sendung zu beteiligen und zu helfen, in Wort und Tat Zeugnis zu geben. Grundlage dazu: Apostelgeschichte 8, 15. ** „Geschichte des Pietismus" Prof. Gustav-Adolf Benrath, Verlag Vandenhoeck & Ruprecht

Bis ins 13. Jahrhundert wurden in Ostfriesland 28 Klöster gegründet. Die dörflichen Landesgemeinden errichteten Steinkirchen, meist auf einer kleinen Anhöhe (Warft) errichtet. Außerdem gab es hier auch eine ausgeprägte Marienverehrung. Im gemeinsamen Siegel der 7 Seelande, dem sogenannten Upstalsboomsiegel von 1324 thront Maria in der Mitte. Aufgrund der allgemeinen Volksfrömmigkeit verbreitete sich die Reformation in Ostfriesland schnell.

Im Osten Ostfrieslands bekannten sich die meisten Menschen zur lutherischen Lehre, wogegen im Westen (durch die Nähe Hollands) die Reformierten in der Mehrheit waren.

Als dann Anfang des 18. Jahrhunderts der Pietismus aufkam, fand dieser bei den Ostfriesen einen sehr guten Nährboden. Das praxisbezogene Christentum des Pietismus entsprach der dörflich geprägten Gesellschaft einerseits, andererseits wurde der Pietismus auch von den ostfriesischen Fürsten gefördert.

Ostfriesland gehörte ab 1744 zu Preußen und da schickte man angehende Theologen natürlich zur Ausbildung nach Halle in die Franckeschen Stiftungen, dem „Cambridge Preußens".

Aufgrund des erwähnten Interessenwahlrechtes standen dann genügend pietistisch geprägte Pastoren zur Verfügung, die von den ostfriesischen Gemeinden bevorzugt gewählt wurden.

Dieser „Hintergrund" ist der „Untergrund", das gute Land, auf dem das „Senfkorn" Jonas Eilers wurzeln konnte.

„Und einiges fiel auf gutes Land;
und es ging auf und trug hundertfach Frucht."
Lukas 8, 8.

Timmel heute

Wie sieht Timmel, das gute Land von Jonas Eilers, heute aus? Fangen wir bei der Spurensuche in der Gegenwart an:

Der kleine Ort Timmel, westlichste und eine der ältesten Ortschaften Großefehns, liegt verträumt in der Mitte von Ostfriesland. Sehr bekannt ist das Timmeler Meer, von vielen Besuchern ein geschätztes Erholungsgebiet.

Im Herbst 2009 waren einige Timmeler (einschließlich des Ortsbürgermeisters) in einem Fernsehquiz zu sehen, in dem sie gegen drei Bürger aus Lübeck kämpften (und haushoch verloren). Aber die Ostfriesen wirkten außerordentlich sympathisch und wurden letztendlich doch die Gewinner, denn anschließend wurde über Timmel ein Film gedreht.

Tapferkeit hat die Timmeler schon früher ausgezeichnet, besonders als sie 1811 gegen die napoleonischen Truppen kämpften. Dieses Ereignis wird 2011 zur 1111 Jahrfeier von Timmel in einem Schauspiel dargestellt.

In der Mitte des Ortes thront auf einer Warft die evangelisch-lutherische Kirche „Peter und Paul", in der der von seiner Gemeinde sehr geliebte Pastor Jens Blume predigt. In der Apostel-Kirche selbst entdeckt man zahlreiche Kostbarkeiten.

Kurz zusammengefasst, wer Timmel kennen und auch lieben lernt, stellt fest: „Hier bist du wie auf einem anderen Stern, aber auf einem guten!"

Und so, wie man Lübeck das „Tor zum Norden" nennt, kann man dann Timmel als das „Tor zum Herzen Ostfrieslands" bezeichnen.

In diesem Timmel, in dem man sich sofort wohl und heimisch fühlt, hängt in der Kirche eine Gedenktafel, die an den Kinderprediger Jonas Eilers erinnert, der von 1768 bis 1778 lebte und dessen kurzes und gnadenreiches Leben von seinem Pastor Rudolf Henrich Taute dokumentiert wurde.

Dieser Bericht mit dem Titel „Ob eine Brieftaube lesen kann" kann in der Kirche erworben werden (5. Auflage von 2003, Vorwort von Pastor i. R. Gerhard Edzard Riese).

Warum ist das kurze Leben und Sterben eines 10-jährigen Kindes nach über 200 Jahren auch heute noch für manchen Leser interessant? Was hat den damaligen Pastor der Timmeler Gemeinde, Rudolph Heinrich Taute, bewogen, darüber einen Bericht zu verfassen? Und wer war dieser Geistliche, in welchem geschichtlichen Rahmen hat sich das alles abgespielt?

Wie sieht der Wachstumsprozess von einem kleinen Senfkorn zu einem großen Baum denn eigentlich konkret aus?

Können Kinder wirklich etwas in der Geschichte bewirken?

Was können Kinder in der Geschichte bewirken?

Moses, Sklaven- und Königssohn, wurde nach seiner Geburt in ein „Kästlein" (Miniarche) gelegt. Später führte Moses das israelitische Volk in die Freiheit. Weitere bekannte Beispiele sind Josef, Samuel und David in ihrer frühen Jugend.

Jesus, Menschen- und Gottessohn, kam als Säugling in eine „Krippe". Innerhalb des christlichen Glaubens wurde er zum Erlöser der Menschheit.

Das Faszinierende der Weihnachtsgeschichte ist heute, dass inzwischen dieses Fest auch von Nichtchristen gefeiert wird. Unser Weihnachtsfest wird sogar in China immer beliebter. Ist das neugeborene Kind der größte gemeinsame Nenner zwischen den Menschen, weil wir uns da alle wiederfinden?

Ein weiterer Aspekt ist, dass Jesus als 12-Jähriger im Tempel lehrte. Kommt es also weniger darauf an, dass die Lehre kompliziert und verschachtelt ist? Ist es nicht viel wichtiger, dass sie rein, klar und eindeutig von den Menschen verstanden wird?

Hat nicht Jesus selbst immer wieder ein Kind als ein Vorbild in die Mitte gestellt?

Der bekannte Liederdichter Gerhard Tersteegen schlägt in seinem Lied „Jauchzt ihr Himmel" die Brücke von dem Kind in der Krippe zu dem Gotteskind in uns.

Vielleicht ist die nachhaltige Wirkung von Jonas Eilers aus Timmel doch deshalb so groß, weil es eben ein Kind war. Wenn ja, ist der Vergleich mit einem Senfkorn wohl passend. Dann wird es spannend, den großen Baum kennenzulernen!

Jauchzet, ihr Himmel

1. Jauchzet, ihr Himmel, frohlocket ihr englischen Chöre,
singet dem Herren, dem Heiland der Menschen zur Ehre!
Sehet doch da: Gott will so freundlich und nah
zu den Verlornen sich kehren.

2. Jauchzet, ihr Himmel, frohlocket, ihr Enden der Erden!
Gott und der Sünder, die sollen zu Freunden nun werden.
Friede und Freud wird uns verkündiget heut;
freuet euch, Hirten und Herden!

3. Sehet dies Wunder, wie tief sich der Höchste hier beuget;
sehet die Liebe, die endlich als Liebe sich zeiget!
Gott wird ein Kind, träget und hebet die Sünd;
alles anbetet und schweiget.

4. Gott ist im Fleische: wer kann dies Geheimnis verstehen?
Hier ist die Pforte des Lebens nun offen zu sehen.
Gehet hinein, macht euch dem Kinde gemein,
die ihr zum Vater wollt gehen.

5. Hast du denn, Höchster, auch meiner noch wollen gedenken?
Du willst dich selber, dein Herze der Liebe, mir schenken.
Sollt nicht mein Sinn innigst sich freuen darin
und sich in Demut ersenken?

6. König der Ehren, aus Liebe geworden zum Kinde,
dem ich auch wieder mein Herze in Liebe verbinde:
du sollst es sein, den ich erwähle allein;
ewig entsag ich der Sünde.

7. Süßer Immanuel, werd auch geboren inwendig,
komm doch, mein Heiland, und lass mich nicht länger elendig.
Wohne in mir, mach mich ganz eines mit dir
und mich belebe beständig.

8. Menschenfreund Jesu, dich lieb ich, dich will ich erheben!
Lass mich doch einzig nach deinem Gefallen nur leben:
Gib mir auch bald, Jesu, die Kindesgestalt,
an dir alleine zu kleben.

Gerhard Terstegen (1697 - 1769)

Der Kinderprediger Jonas Eilers aus Timmel

Jonas Eilers wurde 1768 in Timmel geboren, schon seit seinem 5. Lebensjahr war er so krank, dass er später nicht die Schule besuchen konnte. Sein Gesundheitszustand verschlimmerte sich so sehr, dass er mit zehn Jahren verstarb.

Für seinen Seelsorger, Pastor Rudolph Heinrich Taute, war das ein Schlüsselerlebnis, er verfasste darüber den Bericht:

**„Wahrhafter Bericht von dem seltenen und
merkwürdigen Gnadenwerk Gottes
in einem zehnjährigen Kinde Jonas Eilers,
geboren zu Timmel im Jahre 1768,
gestorben daselbst im Jahre 1778"**

Vorbericht:
„Es wird dem christlichen und geliebten Leser in dieser Schrift ein wahrhafter Bericht von dem Gnadenwerk Gottes in einem zehnjährigen Kinde gegeben, das, sowohl in Absicht der Sache selbst als in Beziehung auf ein solches Kind, selten und merkwürdig ist. ...

Ich würde diese Geschichte wohl nie öffentlich bekannt machen, wenn nicht deutliche Spuren der göttlichen Vorsehung mich dazu bewogen hätten. ...
Ich empfing den Brief, den mir mein Amtsbruder Herr Hagius auf inständiges Bitten des Kindes geschrieben, auf meiner Rückreise in Leeuwarden. Die Nachricht darin war meinen Freunden daselbst so wichtig, dass sie nicht nur den Brief abschrieben, sondern mich auch baten, alles Gute, was ich sonst noch von diesem Kinde vernehmen möchte,

es sei aus seinem eigenen Munde oder von andern, genau aufzuzeichnen und ihnen schriftlich mitzuteilen, da denn dieses, wie schon mit dem Briefe geschehen, ins Holländische übersetzen und durch den Druck bekannt machen wollten.

Diese freundschaftliche Verpflichtung forderte von mir, dass ich, sobald ich nach Hause angekommen, nicht nur alles genau befrug, sondern auch, was ich von dem Kinde selber hörte, sogleich aufschrieb, ob ich gleich an die eigene Bekanntmachung noch gar nicht dachte. ... Dieser Entschluss, den Bericht von dem Kinde bekannt zu machen, wurde befestigt, als ich bedachte, wie das Kind nicht nur ein erstaunliches Verlangen gehabt, **allen Menschen das Gute in Gott und die Seligkeit, die es in Jesus genoss, anzupreisen**, sondern dass es auch meine Rückkunft nach Hause eben darum so sehnlich begehrt hatte, dass ich es, wie es sich ausgedrückt, allen Menschen verkündigen sollte, **was Gott an ihm getan hatte**, und zwar zu dem Zweck, noch ein Sünder nach seinem Tode durch sein Exempel bewogen werden möchte, **sich Gott und dem Herrn Jesus ganz zu ergeben**.

Dazu kam ein nicht unerheblicher Umstand: dass das Kind nach meiner Rückkunft noch ganze 14 Tage lebte und ich also Gelegenheit haben musste, alles, was mir von dem Kinde geschrieben und gesagt worden, genau zu untersuchen.

Dieses alles war mir ein deutlicher Ruf vom Herrn, in Bekanntmachung dieses Gnadenwerkes Seinen Namen zu preisen und meinen Nächsten zu erbauen, zugleich aber auch alle unbegründeten Nachrichten zu widerlegen, die von dem Kinde im Lande waren ausgebreitet worden.

Ich glaube auch sicherlich, dass das Kind recht gedacht, wenn es einmal sich also ausdrückt:

„Was Gott jetzt an mir tut, geschieht nicht allein um meinet-, sondern um anderer Menschen willen." ...

Dies Kind und was es durch die Gnade geworden, ist im eigentlichen Verstande (im ursprünglichen Sinne) Gottes Werk, **geschaffen in Christus Jesus zu guten Werken** (Epheser 2,10) Doch genug davon. Kein wahrer Christ wird darüber murren, wenn ich erzähle, **wie ein Kind den Herrn Jesus lobt** (Matth. 21,15+16)

Dem Herrn Jesus sei endlich diese Schrift übergeben. Er bereite ferner aus dem Munde dieses Unmündigen sein Lob durch die Kraft seines Heiligen Geistes, wie er bisher getan hat, zur Ehre Gottes des Vaters...."

Timmel, den 1. Sept. 1778

Rudolph Heinrich Taute

Was ein verborgnes Senfkorn war,
das breitest du von Jahr zu Jahr
nun aus mit mächt'gen Zweigen.
Zu Tausenden erwächst dein Bund
und öffnet Herz und Hand und Mund,
für Gottes Heil zu zeugen,
deinen reinen
Lebenssamen,
deinen Namen
durch die Weiten
aller Länder auszubreiten.
Albert Knapp (1798 - 1864)

Auszüge aus Pastor Tautes Bericht über Jonas Eilers

„Es ist dieser Jonas von seiner Geburt an durch viele Leiden gegangen. In dem ersten Jahre hatte er einen Bruchschaden. Als der behoben, so hatte er vor dem fünften Jahr eine schwere Krankheit. Um die Zeit zwischen dem vierten und fünften Jahr ist er ein halbes Jahr zur Schule gegangen. Vom fünften Jahre an hat er unaufhörlich allerlei Krankheiten, besonders an Gichten und hitzigen Fiebern, erlitten, wovon ihm auch der Kopf ganz auf eine Seite gezogen.

Ich habe von der Zeit an die in ihm wohnende Gnade Gottes bemerkt; wie denn seine fromme und gläubige Mutter unter den Leiden, die sie mit ihm gehabt hat, allezeit sich damit getröstet und auch immer mit ihm von dem Wege zu Gott und von dem Guten in dem Herrn Jesus geredet hat. ...“

„Jonas fand in seiner Not viel Trost im christlichen Glauben, ja er entwickelte sogar ein Verlangen nach Gottes Wort und göttlichen Wahrheiten: „Dieses zeigte sich merklich darin, wenn er unter seinen Leiden einige Erholungszeiten hatte: so übte er sich, sein wenig gelerntes Lesen zu verbessern, und lernte oft ganze Lieder, Sprüche und sonst erbauliche Verse für sich auswendig, womit er mich oft erfreute, wenn er solche vor mir her sagte, und ich ihn(erfreute), wenn ich sie ihm abhörte. Dies alles gab uns immer die Hoffnung, wenn er so oft dem Tode sehr nahe war, er würde gewiss selig sterben. Allein, der große Schmerzensmann Jesus hatte dies sein erkauftes Leidenskind zu einer höheren Stufe der Gnade und Erkenntnis schon in diesem Leben bestimmt.

Dies Kind sollte uns noch zur Stärkung und Freude unseres Glaubens, aber auch zur Beschämung und tätigen Bestrafung des Unglaubens und der Vernunft dienen,

die das verleugnet, was sie aus eigener Schuld nie
erkennen noch erfahren kann, nämlich: dass Gottes Geist
in dem Menschen wirken und Christus in ihm verklären
müssen, wenn er Gott und Jesus Christus lebendig und
heilsam erkennen wolle; ja, das ist, einen Vorschmack und
gewisse Hoffnung des ewigen Lebens gebe.

Alle vorhergehenden Leiden und der Unterricht von
göttlichen Wahrheiten, die ihm nach seiner Fähigkeit konnten
gegeben werden, waren unter der Gnadenwirkung des
Heiligen Geistes eine gesegnete Vorbereitung zu der großen
Gnade, die ihm am 23. Juni (1778) und nachher widerfahren
ist. ... Nämlich einmal sagte er: „Ich hatte zwar vorher ein
kindliches Vertrauen zu Gott, er würde mich um Christi
willen aus Gnaden annehmen. Allein, es war doch immer
in meinem Herzen ein Gedanke, ich müsste und würde
vor meinem Ende Gott und meinen Heiland noch besser
kennen lernen, und danach hatte ich denn immer ein
verborgenes Verlangen."

Als dann der 23. Juni kam, soll sich Jonas Eilers gerade mit
dem Kleinen Katechismus Luthers und dem „Vater unser"
beschäftigt haben.

„ ... bei diesem Nachdenken und Gebet sei eine solche Freude
von Gott in seine Seele gekommen, die er nicht aussprechen
könne; er habe eine solche Versicherung und Geschmack von
der Liebe Gottes in Christus Jesus in seiner Seele empfunden,
dass er nicht gewusst, ob er noch in der Welt wäre. ... Darauf
habe er das Gesangbuch, das auch bei ihm gelegen,
genommen und das Lied gesungen "Gott, der wird's wohl
machen" und dann das Lied „Was frag ich nach der Welt
und allen ihren Schätzen".

Während dieses Liedes kommt der Vater um halb elf und die Mutter um zwölf Uhr nach Hause. Beide Eltern verwundern sich über das freudige Angesicht, noch mehr aber, wie er voll Freuden und Lobes erzählt, was Gott an seiner Seele getan und wie er nun gewiss wisse, **dass Jesus sein Jesus und er ein Gotteskind sei**, und dass er nun in Freudigkeit sterben könne ...“

Pastor Hagius schreibt dann an Pastor Taute, der ja noch auf Reisen ist, was er als Augen- und Ohrenzeuge anschließend erlebte: „... denn es ist ein großer Prophet unter Ihnen aufgestanden, nämlich der Prophet Jonas, der Ihrem Timmeler Ninive so die Buße predigt, als ich wenigstens nimmer werde tun können. ...

Ich höre ihm fast täglich mit vielen anderen zu und lerne vieles, unaussprechlich vieles von ihm. ... Sonntagnachmittag war das Haus voll, und mussten wir einige Verslein mit ihm singen. Wie erbaut ich wurde und alle, das ist nicht zu beschreiben.

Ganz Timmel ist darüber bewegt. **Es wird auch nicht ohne Segen bleiben. O! Wollte Gott, dass alle, Ihrer und meiner armen Gemeinde Glieder, solche Kinder Gottes würden. ...“**

Als Pastor Taute am 9. Juli 1778 in Timmel eintraf, fand er Jonas Eilers abgemagert und sehr geschwächt vor.
Zu tiefst berührten ihn die Worte seines kleinen Freundes:
„Herr Pastor, Gott hat in der Zeit, in der Sie verreist gewesen sind, Großes an mir getan; das Kindlein Jesu ist in mir geboren, und ich lebe nun noch bloß vom Himmelsbrot.“

Auch in den letzten Tagen seines Lebens erhielt Jonas noch viel Besuch. Er sang mit seinen Gästen und ermahnte sie zur Buße. In seiner Todesstunde sollten nur seine Eltern und Pastor Taute bei ihm sein. Der zehnjährige Jonas entschlief am 23. Juli 1778. Die große Trauergemeinde sang ihm sein Lied von Pastor Hagius. Hier heißt es dann in der 3. Strophe:

Nun hast du tausend Zungen,
zu loben Gottes Huld,
durch den du es dir gelungen,
zu leiden in Geduld!
Nun bist du ganz umhüllet
mit Jesu Licht und Pracht,
der dich hier hat erfüllet
mit Glauben, Geist und Kraft.

Jonas Eilers und die Gotteskindschaft

Wie kann ein Kind, das nichts anderes kennengelernt hat als Krankheit, Leiden und das Bewusstsein eines viel zu frühen Todes, ein so freudiger Christ sein?

Eine Antwort finden wir im 73. Psalm:
„Israel hat dennoch Gott zum Trost, wer nur reines Herzens ist. (Vers 1) **Dennoch bleibe ich stets an dir; denn du hältst mich bei meiner rechten Hand, du leitest mich nach deinem Rat und nimmst mich endlich in Ehren an. Wenn ich nur dich habe, so frage ich nichts nach Himmel und Erde. Wenn mir gleich Leib und Seele verschmachtet, so bist du doch, Gott, allezeit meines Herzens Trost und mein Teil."**
(Verse 23 - 26)

Jonas Eilers hatte sogar die Kraft gefunden, in seiner großen Freudigkeit den Menschen aus seinem tiefen Glauben abgeben zu können wie uns der Psalm sagt:
„Aber das ist meine Freude, dass ich mich zu Gott halte und meine Zuversicht setzte auf den Herrn HERRN, dass ich verkündige all dein Tun." (Vers 28)
Jonas Eilers erfuhr die Erweckung zum **Verkündiger**, zum **kleinen Missionar** beim Lesen des Gebetes **Vater Unser**.
Wer kann denn zu Gott **„Unser Vater"** sagen? Nur ein **Kind**!
Und da sind wir bei dem Zentrum des christlichen Glaubens angekommen:
In dem bekannten Gespräch mit Nikodemus wies Jesus ihn zweimal daraufhin, dass der Mensch von neuem geboren werden muss. Anschließend wies er auf den Weg zum Vater hin: **„... niemand kommt zum Vater denn durch mich."**

Heiland, deine größten Dinge,
beginnest du still und geringe.
Was sind wir Armen, Herr, vor dir?
Aber du wirst für uns streiten
und uns mit deinen Augen leiten;
auf deine Kraft vertrauen wir.
Dein Senfkorn, arm und klein,
wächst endlich ohne Schein
doch zum Baume,
weil du, Herr Christ,
sein Hüter bist,
dem es von Gott vertrauet ist.
Albert Knapp (1798 - 1864)

Vom Timmeler Senfkorn zur Senfkorn-Mission

Nimmt man das Bild vom Senfkorn auf, dann kann man den Glauben des Kindes Jonas Eilers damit vergleichen. Für das reichhaltige Aufgehen der Saat bedarf es auch einen guten Acker und einen Landmann, der diesen aufbereitet.

Auf den Acker „Ostfriesland" wurde schon eingegangen. Doch gehen wir kurz auf den Pastor von Jonas Eilers ein: Rudolf Heinrich Taute wurde 1735 als Sohn eines Lehrers und Organisten in Leer geboren. Als Pastor wurde er 1759 nach Rhaude, 1768 nach Timmel und 1791 nach Leer berufen. 1799 wurde er zum Superintendenten ernannt und 1808 zum ältesten Prediger Leers erwählt, wo er 1810 starb. Schon als junger Pastor pflegte er viele Kontakte. So ist uns ein Brief von dem bekannten Gerhard Tersteegen an Pastor Taute 1763 überliefert. Ebenfalls hatte der Pietist Taute auch Verbindungen zu dem benachbarten Holland, wie aus seinem Bericht über Jonas Eilers zu entnehmen ist.

Doch unmittelbar nach dem Tod von Jonas Eilers, den er ja seit dem ersten Jahr seines Aufenthaltes in Timmel begleitet hatte, bekam das Wirken von Pastor Heinrich Rudolf Taute eine andere Dimension.

Vielleicht ist ihm besonders durch seinen eigenen Bericht über den Kinderprediger bewusster geworden, welche große Bedeutung der Verkündigung des Evangeliums zukommt. 1783 gründete Pastor Taute eine **Particulargesellschaft der Deutschen Christentumsgesellschaft**, der auch der ca. 20 Jahre jüngere Pastor Georg Sigismund Stracke beitrat.

*siehe auch Biographisches Lexikon der Ostfriesischen Landschaft, Beitrag von Werner Schröder zu Pastor Stracke

1789 zog Pastor Stracke nach Hatshausen und wurde so unmittelbarer Nachbar von Pastor Taute in Timmel. Als 1795 die **Londoner Missionsgesellschaft** entstand, beschäftigten sich die beiden Geistlichen aus dem Kirchenkreis Großefehn damit intensiv.

Als die Direktoren der Londoner Missionsgesellschaft 1789 ein Sendschreiben verfassten **„an die Brüder in jeder Gemeinde in Deutschland, welche unseren Herrn Jesum aufrichtig lieben."**, übernahmen Stracke und Johann Gottfried Burckhardt, der Prediger der Savoy-Gemeinde in London die Herausgabe des Schreibens, in dem die deutschen Christen um die Mithilfe an dem großen Werk der Mission gebeten werden.

Dieses Sendschreiben, **eines der bedeutensten Dokumente der Missionsgeschichte des 19. Jahrhunderts**, fand ein begeistertes Echo. Spontan gründeten 23 Mitglieder der Particulargesellschaft noch im gleichen Jahr 1798 dann die **„Missionssociätät zum Senfkorn"**, der heute als der älteste Missionsverein Deutschlands bezeichnet wird.
Die Leitung übernahm Pastor Stracke und richtete in seinem Pfarrhaus in Hatshausen Missionsvorschule vor.

Auf einer Predigerkonferenz in Herrnhut lernte er Pastor **Johannes Jännicke** kennen, der ein Jahr später (ca. 1800) in Berlin die erste deutsche Missionsschule gründete.
Man arbeitete intensiv zusammen. Missionskandidaten, meist Handwerker, bekamen in der Missionsvorschule von Stracke eine Grundausbildung und wurden dann in Berlin weiter geschult, bevor sie in die weltweite Mission gesandt wurden.
Aus dem **Senfkorn aus Timmel** war in wenigen Jahren ein Baum geworden, dessen Spannweite immer größer wurde.

Gottfried Wilhelm Lehmann und die Glaubensfreiheit*

In unserer **Senfkorngeschichte** ist auch unbedingt Gottfried Wilhelm Lehmann zu erwähnen, der **als Kind** 1813 in Leer, wo Rudolf Heinrich Taute zuletzt tätig war, gläubig wurde. 1836 knüpfte er den „roten Faden" an den Ostfriesenfreund Pfarrer Goßner in Berlin an und wurde durch die Kontakte zu englischen Christen, die Pastor Taute begann und Pastor Stracke dann fortgesetzte, ein Pionier des **Menschenrechts** der **Glaubensfreiheit** im 19. Jahrhundert.

Rudolf Heinrich Taute wirkte nach seiner Zeit in Timmel von 1791 bis zu seinem Tod (1810) in Leer, davon seit 1799 als Kircheninspektor. In dieses von Taute geprägte Leer zog der junge Gottfried Wilhelm Lehmann (geb. am 23. 10.1799), um bei seinem Onkel das Sattlerhandwerk zu erlernen.

Eigentlich noch ein Kind, kam er 1813 in Leer mit einem von **Herrnhuter Frömmigkeit** geprägten Kreis zusammen und machte hier seine ersten eigenen geistlichen Erfahrungen.
Doch 1817 zog Lehmann ins Elternhaus nach Berlin zurück, denn er wollte lieber den Beruf eines Kupferstechers ausüben.
Auch hier hielt er Kontakt zur Herrnhuter Brüdergemeine, besonders zu der **Bethlehemgemeinde** von **Pastor Jännicke**.
(siehe auch oben: Pastor Stracke und Pastor Jännicke)

Später hatte er auch Verbindung zu **Pfarrer Goßner.** Über die **Edinburger Bibelmission** kam er mit dem Baptisten Johann Gerhard Oncken zusammen, der ihn 1837 taufte.
Anschließend reiste Lehmann zur Ausbildung nach England und wurde 1840 **in Salters Hall Chapel/London** ordiniert.
Wieder in Berlin, hielt er in seiner Wohnung entsprechende Versammlungen und wollte eine eigene Gemeinde gründen.

Doch das Leben der ersten Berliner Baptistengemeinde unter Lehmann wurde von Staat und Kirche stark eingeschränkt, kontrolliert und behindert.

1845 reiste er für mehr ein Jahr durch England und sammelte 25.000 Mark für den Bau eines eigenen Kirchengebäudes. Aber die Baupolizei in Berlin verweigerte die Genehmigung und erst als das Gebäude als Wohnhaus Lehmanns deklariert wurde, konnte es gebaut werden.

Als sich die Situation verschärfte, kamen 1851 englische Baptisten zum Evangelischen Kirchentag nach Berlin, um für die Glaubensfreiheit ihrer deutschen Brüder einzutreten.
Es folgten weitere Verhandlungen und sogar in der 2. Allianz Weltkonferenz in London, auf der Lehmann übrigens Wichern traf, wurde über dieses Thema diskutiert. Den Höhepunkt der Debatte zwischen der englischen Ev. Allianz und dem Deutschen Kirchentag erreichte man 1853 während einer **Homburger Konferenz** in Hessen. Weitere Treffen folgten.
1855 bekam Lehmann mit zwei weiteren Baptisten sogar eine Privataudienz mit König Friedrich Wilhelm IV. von Preußen, später wandte man sich zur Unterstützung auch an Bismarck.

Immer wieder kämpfte Lehmann für die Glaubensfreiheit seiner Kirche und am 28. Juni 1879 erhielt die Berliner Baptistengemeinde die **Korporationsrechte**, (die erst 1930 auf das ganze preußische Gebiet ausgeweitet wurden).
Gottfried Wilhelm Lehmann war da fast 80 Jahre alt. Mit seiner Unnachgiebigkeit und den Freunden aus England, hat er in Preußen das **Menschenrecht der Glaubensfreiheit** erkämpft.

* Einen ausführlichen Aufsatz von Karl Heinz Voigt aus Bremen finden Sie im Biographisch-Bibliographischen Kirchenlexikon (www.bautz.de).

Ostfriesische Mission und Bibelgesellschaft*

Nach dem Tod von Pastor Stracke 1814 wurde sein Werk in der Stille in einem theologischen Leseverein weitergeführt. Die Gründung der Rheinischen Missionsgesellschaft 1828 regte auch die Ostfriesischen Missionsfreunde zu erneuter Tätigkeit an. Die Predigten von Pastor Stracke waren dazu ausgiebig dokumentiert worden und fanden auch überregional eine große Beachtung. Obwohl die „Missionssocietät zum Senfkorn" nur eine relativ kurze Zeit aktiv war, hat dennoch sein Gedankengut der Erweckung das kirchliche Leben nicht nur in Ostfriesland bis in die Gegenwart nachhaltig geprägt.

Ohne Strackes Wirken ist die Gründung der **ostfriesischen Missionsgesellschaft** 1834 nicht zu verstehen. Zweck des Vereins war, die missionarische Arbeit in Ostfriesland zu bündeln und zu stärken.

Ebenfalls bezieht sich die Gründung der **ostfriesischen Bibelgesellschaft** 1838 auf die Particulargesellschaft von Pastor Taute und das Wirken von Pastor Stracke.

Wilhelm Gundert schreibt in der Festschrift zum 150jährigen Jubiläum der Ostfriesischen Bibelgesellschaft: „Eine Bibelgesellschaft kann nur entstehen, wenn der Boden dafür vorbereitet ist. Ohne **„die vom Senfkorn"** wäre die Aufforderung, der Bibelgesellschaft beizutreten, wahrscheinlich ungehört verhallt."
Außerdem wurde 1844 ein **Verein für Innere Mission** von der ostfriesischen Missiongesellschaft gegründet, der sich besonders der gefangenen und entlassenen Sträflinge sowie der Jugend widmen sollte.

* siehe auch Biographisches Lexikon der Ostfriesischen Landschaft, Beitrag von Werner Schröder zu Pastor Stracke

Johann Evangelista Goßner und die Ostfriesen

Pastor **Johannes Jännicke**, der Missionspartner von Stracke, leitete nicht nur die Missionsschule in Berlin, sondern auch die Bethlehemgemeinde. Als Jännicke 1827 starb, wurde Goßner 1829 die Pfarrstelle der Bethlehemkirche wegen des hier geltenen Patronatsrecht des Königs übertragen. Deshalb wurde er auch in das **Berliner Missionswerk** eingebunden. Als berufenes Mitglied im Komitee der 1823 gegründeten Berliner Mision – seit 1824 umbenannt zur **"Berliner Gesellschaft zur Beförderung der Evangelischen Missionen unter den Heiden"** - beendete Goßner jedoch im Frühjahr 1836 dort seine Mitarbeit. Er trachtete nach geistlicher Tiefe auch in der Ausbildung der Missionare und hatte Kritik an der schwerfälligen Organisation. Den einzelnen Mitgliedern im Komitee blieb er brüderlich verbunden. Aufgaben hatte er genug. Er hatte seit seiner Tätigkeit in Berlin im Jahr 1826 ein Netzwek von 7 Kinderbewahranstalten und Sonntagsschulen gegründet.

Er gab seit 1834 in monatlicher Folge die von ihm gegründete Zeitschrift: **"Die Biene auf dem Missionsfelde"** heraus. Aus Krankenpflegevereinen und Suppenküche der Bethlehems-Kirche im Jahr 1836 führte zur Gründung des ersten evangelischen Krankenhauses in Berlin im darauf folgenden Jahr 1837, heute die Evangelische Elisabeth-Klinik in der Lützowstraße .

1836 brachte der oben genannte Gottfried Wilhelm Lehmann 6 missionswillige Handwerker zu Goßner, damit diese für den Missionsdienst zugerüstet werden.

Nach einer vorangegangenen Ablehnung durch die Berliner Mission setzten sie ihre Hoffnung auf Pfarrer Goßner.

Betend hat sich Goßner durchgerungen, bis er begreifen konnte: **Das ist ein Wink vom Himmel.** So erfolgte 1837 die Aussendung von inzwischen 12 Missionszöglingen. Bis zu Goßners Tod 1858 sollten es insgesamt 141 werden.

Die Aussendung geschah ab 1839 durch den **„Kleinen Verein der Bethlehemgemeinde"** und dann seit 1842 durch den **„Evangelischen Verein zur Ausbreitung des Christentums unter die Eingeborenen der Heidenländer"**.

Die Missionsschule von Jännicke, seit 1827 unter Leitung von Magister Rückert, führte zunehmend ein Eigenleben unter ihm. Sie wurde 1849 durch königliches Dekret geschlossen. Im Anfang des 20. Jahrhunderts wurde aus dem von Goßner gegründeten Verein die „Gossner'sche Missionsgesellschaft". Wir kennen sie heute unter dem Namen **„Gossner Mission"**. Heute ist sie tätig in Indien, Nepal, und Sambia und in gesellschaftsbezogenen Diensten in Deutschland, Osteuropa und in der Ökumenischen Bewegung.

In Ostfriesland wurden auch die Schriften Goßners sehr gerne gelesen, besonders sein „Schatzkästlein". Die hiesigen Missionsfreunde unterstützen seine Arbeit bis heute, denn Goßner hat „seinen Ostfriesen" das Glaubenswerk ein Jahr vor seinem Tode 1858 anvertraut mit den Worten:

„Wenn mein Stündlein kommt, so bitte ich die lieben freundlichen Ostfriesen, sie wollen die treuen Brüder in Ostindien nicht verlassen. Sehen Sie meine Mission nach meinem Tode als die Ihrige an! Ich überlasse sie Ihnen als Erbschaft im Namen Jesu Christi. Gott schenkt mir viel Vertrauen zu Euch, Er wird Euch auch viel Liebe zur Sache geben."

Allein die Gossner-Kirche in Indien hat 500.000 Mitglieder und somit mehr, als Ostfriesland insgesamt Einwohner hat.

Goßners **„geliebten Ostfriesen"** haben sein Erbe bis heute freudig angenommen, viele Geistliche aus unserer Region sind im Kuratorium der Gossner Mission vertreten und auch einige Gemeinden pflegen direkte Kontakte zu den Christen der Gossner-Kirchen in anderen Kontinenten.

Als 2002 in Wiesmoor der **„ostfriesische Freundeskreis der Gossner Mission"** gegründet wurde, wählte man den Pastor Jens Blume aus Timmel als Vorsitzenden.

Somit schließt sich auch hier ein weiterer wunderbarer Kreis, der an die Anfänge mit dem Kinderprediger erinnert.

Pfarrer Goßner hatte übrigens auch einen bemerkenswerten Kontakt und Austausch mit **Johann Hinrich Wichern**.
Goßner (1773 – 1858), der nach einer Ganzheitlichkeit von Innerer Mission und Äußerer Mission trachtete, war älter als Wichern (1808 – 1881), der seinen Schwerpunkt auf die Innere Mission legte. Wichern dagegen war älter als Pastor **Johann Heinrich Leiner** (1830 – 1838).

Wicherns Rauhes Haus in Hamburg war Vorbild für das Rettungshaus von Pastor Leiner. Und schon sind wir wieder mitten in Ostfriesland – diesmal in Mittegroßefehn.

Da das **Leinerstift** auch heute noch in unserer Region sehr aktiv ist, soll in diesem Zusammenhang ebenfalls auf die segensreiche Tätigkeit von Pastor Leiner eingegangen werden.

Johann Heinrich Leiner in Mittegroßefehn

Der ostfriesische Kirchenhistoriker Menno Smid berichtet über ihn*:

„Der Vater von Leiner (23.1.1830 – 16.7.1868) starb im Alter von 33 Jahren an Blutauswurf und Lungensucht. Mutter und Großmutter erzogen Johann Heinrich, der Armenvorsteher Ries war sein Vormund. Er wurde in frommem Geist erzogen. Bereits 1838 und 1839 stellte er ein Liederbuch zusammen mit vielen geistlichen Liedern (**als Kind von 8 Jahren**), die aber noch nicht seine eigene Befindlichkeit wiedergaben.

Zu Ostern 1842 kam Leiner in die Quarta des Gymnasiums in Aurich, wo er Ostern 1849 mit einem hervorragenden Zeugnis sein Abitur machte. Die Auricher Schulzeit stand unter dem Einfluß lebendiger christlicher Frömmigkeit, vor allem von Direktor Rothert und Rektor Reuter. Zeitlebens blieb Leiner vor allem seinem Lehrer Reuter verbunden.

Ostern 1847 wurde Leiner konfirmiert. Von Ostern 1849 bis Ostern 1852 studierte er in Göttingen. Von den Professoren hat Ehrenfeuchter mit seiner milden, vermittelnden Richtung auf Leiner den größten Einfluss ausgeübt.

Vieles erinnerte ihn an seinen Lehrer Reuter, wie denn auch dieser Ehrenfeuchter hoch einschätzte. Leiner gehörte dem Missionsverein an, den Ehrenfeuchter ganz in die Innere Mission hineingebracht hatte.

Ende März 1852 verließ Leiner die Universität und kehrte in das Haus seiner Mutter nach Aurich zurück. Hier bereitete er sich auf das Erste Theologische Examen vor.

Im Juli 1852 bestand er sein Examen mit der Note „vorzüglich" und kam im September 1852 nach Emden im Alter von zweiundzwanzigeinhalb Jahren an die Stelle des erkrankten Pastors Grimm. Hier blieb er aber nur vier Monate, da er aus gesundheitlichen Gründen dem Dienst nicht gewachsen war. Am 3. Advent 1852 wählte ihn die Zweite Schulgemeinde in Großefehn, heute Mittegroßefehn. An seinem 23. Geburtstage hielt Leiner seine Antrittspredigt als Nichtordinierter in Großefehn in der Schule (Die Gemeinde Mittegroßefehn hatte noch keine eigene Kirche). Er hatte eine große Vorliebe für eine liturgisch und musikalisch reiche Ausstattung des Gottesdienstes, darum sehnte er sich nach einer Kirche.

Am 4. Januar 1855 erging die endgültige Verfügung zur Errichtung der Kirche in (Mitte-)Großefehn. Im Juli 1855 konnte Leiner von der Grundsteinlegung der Kirche berichten.
Ende November 1856 fand die Wahl des Pastoren statt. Leiner wurde einstimmig gewählt und am 21. Dezember 1856 in seiner Vaterstadt Aurich ordiniert, nachdem er kurz vorher sein Zweites theologisches Examen vor den beiden Generalsuperintendenten abgelegt hatte.
Am 7. Januar 1857 wurde die neue Kirche eingeweiht und der Pastor in sein Amt eingeführt. Dafür hatte Leiner eine ausführliche Liturgie zusammengestellt.
Leiner war lange Zeit der erste und einzige, der in Ostfriesland eine Liturgie benutzte. Weihnachten und Altjahrsabend, noch in der Schule, ließ er die Schulkinder die Liturgie singen. Mit dem Tage der Kirchweihe gehörte die Liturgie nach lutherischer Form zum regelmäßigen Gemeindegottesdienst.

* siehe auch Biographisches Lexikon der Ostfriesischen Landschaft, Beitrag von Menno Smid zu Pastor Leiner

Auch ließ er einen Anhang drucken zum Gesangbuch mit etwa 30, zum größten Teil altlutherischen Gesängen.
Die Hauptsache war ihm aber die Predigt des Evangeliums von Christus. Daneben hielt er ab Juni 1857 an jedem Freitag eine Bibelstunde, zunächst im Pfarrhaus, dann in der Kirche.

Doch schon im Winter 1861 ließ es sein körperlicher Zustand nicht mehr zu. Im Konfirmandenunterricht hielt er sich an Luthers Kleinen Katechismus; bis zum Erscheinen des neuen hannoverschen verwendete er den Osnabrücker Katechismus. Er konfirmierte in der Regel im Alter von 18 Jahren, auf Wunsch auch noch später.

An jedem Sonntag schloß sich an die Predigt eine allgemeine Beichte mit nachfolgender Absolution an. Er drängte auf die Privatbeichte. Im Jahre 1861 hielt er in der lutherischen Generalkonferenz einen Vortrag über dieses Thema und fand dafür Zustimmung bei den jüngeren Pastoren.
Bereits im Frühjahr 1857 erschien sein Buch „**Das Sakrament der heiligen Taufe**", 259 Seiten stark, mit einem Vorwort von Louis Harms. Das Buch hatte eine ausgesprochen kirchliche Richtung und eine bewusst konfessionelle Theologie.

Schon 1853 hielt er in Großefehn ein **Missionsfest** und übersandte 32 Reichstaler an die Ostfriesische Missionsgesellschaft. 1854 sammelte er 35 Reichstaler für Hermannsburg, aber erst 1861 konnte Leiner es durchsetzen, dass auch die **Hermannsburger und die Leipziger Mission** als konfessionelle Missionsgesellschaften von der Ostfriesischen Missionsgesellschaft mit unterstützt wurden.
Die Innere Mission taucht erst spät bei Leiner auf. Mit der Gründung seiner Gemeinde übernahm er auch die Leitung des Armenverbandes Großefehn.

Ende 1864 eröffnete er ein neues **Armenhaus** und erbat dafür von **Johann Hinrich Wichern** einen Hausvater und eine Hausmutter.

Im gleichen Jahr erinnerte er an das Waisenhaus in Esens, 1713 von Christian Wilhelm Schneider (nach dem Vorbild des Waisenhauses der Franckeschen Stiftungen in Halle) gegründet, und rief am 7. September 1864 im Anschluss an die Generalkonferenz zu einer Sammlung für die Rettungshaussache ein. In einem Aufruf wandte er sich an die Gemeinden in Ostfriesland, verwahrloste Kinder zu ihm zu senden, die im Zusammenhang mit dem Armenhaus von dem Hausvater mit betreut werden sollten, und zwar bis zu zwölf Knaben. Im Juni 1865 konnte in Großefehn der erste Knabe aufgenommen werden.

Am 1. Januar 1867 berichtete Leiner schon über acht Kinder, und am Ende des Jahres waren es 18 Knaben und Mädchen.
Da sich das Armenhaus und das Rettungshaus nicht miteinander verbinden ließen, plante man ein eigenes Rettungshaus. Der Kostenanschlag belief sich auf 5 000 Taler ohne Grundstück und Inneneinrichtung.

Am 27. Mai 1868 legte Leiner das fünfte Mal einen Grundstein, jetzt für das Rettungshaus. Richtfest und Einweihung am 10. November 1868 erlebte Leiner schon nicht mehr mit.

Johann Heinrich Leiner starb am 16. Juli 1868 in Bad Ems in den Armen seiner Frau, achtunddreißigeinhalb Jahre alt, und wurde am 22. Juli 1868 in Großefehn beerdigt. Die Gemeinde setzte ihm ein Jahr nach seinem Tod ein schlichtes Kreuz aus weißem Marmor."

Heute erinnert das **Leinerstift** in Mittegroßefehn (mit einigen Niederlassungen in Nordwestdeutschland), in dem sich über 200 Pädagogen und Fachkräfte für Kinder und Jugendliche engagieren, an die großartige Pionierarbeit von Pastor Johann Heinrich Leiner.

Er hat sich in seinem kurzen Leben sehr für das praktische Christentum, dem Dienst an dem Nächsten, insbesondere auch der schwächsten Glieder der Gesellschaft (Kinder und Jugendliche) eingesetzt.

Was die Mission betrifft, setzte er deutliche Zeichen. Seine **Missionsfeste** wurden von Pastor **Remmer Janssen** in Strackholt aufgegriffen und fortgesetzt. Heute werden in Großefehn (z. B. bei Neuemoor) Missionsfeste gehalten.

Die alle 4 Jahre stattfindenden **ostfriesischen Kirchentage** (der nächste OKT findet 2012 in Aurich statt), sind nichts anderes als eine Weiterentwicklung dieser Feste, die in Ostfriesland von einem lebendigen Christentum zeugen.

Nur Mut!

Kleiner Senfkornsamen,
tief ins Herz gefallen,
wurzel fest, hör oft ein Amen.
Du wirst Baum
mit viel Raum,
Segen bringt das allen
und Gott Wohlgefallen.

Hans-Jürgen Sträter

Pastor Remmer Janssen aus Strackholt

Der 1850 in Aurich-Egels geborene Remmer Janssen begann seine Amtszeit am 11.12.1877 in Strackholt.

Die Gemeinde wusste, da kommt ein „Profi", und hatte extra auf ihn gewartet. Im Gegenzug hat Pastor Remmer Janssen sein Examen vorgezogen, was natürlich zu Lasten einer guten Abschlussnote ging.

Pastor Remmer Janssen wurde über Ostfriesland hinaus sehr bekannt, nicht nur wegen seiner sehr beliebten Predigten, sondern auch, weil er deutliche Zeichen setzte.

Z. B. bekämpfte er mit seinen Predigten so intensiv den Alkoholmissbrauch, dass 8 Schnapsbrennereien in Strackholt schließen mussten. Viele Arbeiter und Knechte bekamen ihren Lohn nicht vollständig in Geld ausgezahlt, sondern auch in billigem Fusel. Somit wurden viele Menschen körperlich und seelisch in einer unmenschlichen Art und Weise von ihren Arbeitgebern abhängig gemacht.

Andererseits gründete er Posaunenchöre und gab den Menschen seiner Gemeinde, besonders der aktiven Jugend, ein neues Selbstwertgefühl. Pastor Janssen setzte sich dazu auch für die Armen ein, in seiner Laufbahn nahm er über 30 Waisen in seinem Haushalt ein.

Auch sein Gottesdienst hob sich deutlich von den Predigten der benachbarten Pastoren ab. Er führte so als einziger ein, dass das Heilige Abendmahl an jedem Sonntag gefeiert wurde. Zu seinen Predigten strömten die Menschen von weither herbei, so dass man die Kirche in Strackholt vergrößern musste.

Doch auch das Herz von Pastor Remmer Janssen schlug in erster Linie für die Mission. Da begnügte er sich nicht nur mit dem Schreiben von Büchern, mit Ausrichten von Missionsfesten, die von tausenden Gläubigen Ostfriesen besucht wurden. Er gründete sogar eine eigene Missionsschule in Strackholt.

Und weil auch Strackholt im gleichen Kirchenkreis wie Timmel liegt und deshalb in nächster Nachbarschaft, kann der „große Verkündiger" des Evangeliums, Remmer Janssen, in der zeitlichen Folge des „kleinen Missionars" Jonas Eilers mit aufgeführt werden.
Die Missionsschule existiert nicht mehr, aber die Missionsfeste sind geblieben, und das nicht nur in der Erinnerung der Ostfriesen, die schon als Kind damit groß geworden sind.

Doch lassen wir Remmer Janssen einmal selber sprechen, seine Antrittspredigt* in der St. Barbara Kirche in Strackholt von 1877 mit dem Text aus der Apostelgeschichte 2, 42. war gleichzeitig sein Programm:

„Wie kann unser Gotteshaus eine Pforte des Himmels werden?

Wenn ich jetzt nach meinem Gang vom Altar zur Kanzel Euch zurufen soll, was mein Herz bewegt, so muss ich ausrufen: "O wie heilig ist diese Stätte, hier ist nichts anders denn Gottes Haus und die Pforte des Himmels." Ja wirklich, dieses Gotteshaus ist ein Gotteshaus, ein Beth-el.
Das Gotteshaus ist für uns die Pforte, die enge Pforte des Himmels. Aber damit ist nicht gesagt, dass alle, die in dies Gotteshaus gehen, damit in den Himmel gehen, als wenn wir mit unserem Kirchengehen den Himmel verdienen könnten.

Nein, dies Gotteshaus ist ja nur die Pforte des Himmels, die enge Pforte des Himmels, die uns hier geöffnet wird.

Wer hier nicht eingeht durch die enge Pforte sondern vor der engen Pforte, obgleich sie weit genug geöffnet ist, stehen bleibt, geht hier nicht zum Himmel ein, wenn er auch sein Leben lang jeden Sonn- und Festtag zur Kirche geht.

Nicht jeder geht in den Himmel ein, der ins Gotteshaus geht, aber wer gerne einmal in den H i m m e l eingehen möchte, der geht sein Leben lang gern ins Gotteshaus.

Die Kirche bringt uns nicht in den Himmel, aber der Himmel bringt uns in die Kirche, und wen der Himmel nicht in die Kirche bringt, den bringt die Kirche nicht in den Himmel. Darum kommt denn von heute an in die Kirche mit dem Himmel im Herzen, mit einem himmlischen Verlangen und Sinn, sooft die Kirchentüren geöffnet werden.

Ich kann mir denken, dass Ihr in der ersten Zeit fleißig und zahlreich zur Kirche kommen werdet. Denn in der ersten Zeit, wenn ein neuer Pastor kommt, kommen viele aus Neugierde zur Kirche. Wird diese Neugierde nicht zur Begierde, dann ist es mit der Neugierde bald vorbei.

Die Neugierde ist eine Eintagsfliege und hat ein kurzes Leben, gewöhnlich nur einen Tag lang. Darum ist's nicht genug, wenn Ihr heute und in der ersten Zeit ins Gotteshaus kommt. Ihr müsst von heute an immer kommen.

Nicht genug, dass wir heute einen guten Anfang machen, es muss auch so bleiben und auch immer besser werden. Hierzu haben wir nichts nötig als Beständigkeit.

Zu solcher Beständigkeit ermahnt uns der verlesene Text.

So lasst euch denn, Geliebte, nach Anleitung unseres Textes

heute bei meinem Eintritt zur Beständigkeit ermahnen und Euch unter Gottes Gnadenbeistand zurufen: Bleibt beständig!

Bleibt beständig in der Apostel Lehre!

Bleibt beständig in der Gemeinschaft!

Bleibt beständig im Brotbrechen!

Bleibt beständig im Beten!

1. Bleibt beständig in der Apostel Lehre

so heißt es in unserem Text von den ersten Christen.
Aber bevor dies von den ersten Christen gesagt werden konnte, war etwas anderes mit ihnen vorgefallen. Sie hatten Pfingsten gefeiert, sie hatten Buße getan über ihre Sünden, waren gläubig geworden an den Herrn Jesum, sieh hatten Vergebung der Sünden und den Heiligen Geist empfangen. Dies alles muss erst mit Euch geschehen sein, bevor ich euch sagen kann: Bleibet in der Apostel Lehre, denn solange dies nicht an Euch erfüllt ist, solange seid Ihr nicht in der Apostel Lehre, und wie könnt Ihr dann drin bleiben?
Sagt an: Habt Ihr denn alle ohne Ausnahme Buße getan?
Seid Ihr alle gläubig geworden?

Habt Ihr alle Vergebung der Sünden und den Heiligen Geist empfangen? Alle? "Ach nein", müssen die meisten klagen "was wollten wir wohl?" Bekennt's nur gerade so, wie's ist: Lasst's Euch nur sagen, wie's mit Euch steht.
Nicht wahr, Ihr seid alle getauft, konfimiert, seid auch einmal mit Christi Leib und Blut gespeist, weil's so Sitte ist, aber ohne gründliche Buße, ohne lebendigen Glauben an den Heiland, an Vergeltung und Gericht habt Ihr so in den Tag

hinein gelebt und ganz nach Eurem Fleischessinn in dem alten Naturzustand Euer bisheriges Leben hingebracht, ohne einmal auch nur zu fragen: "Was will das werden?!" O, Ihr armen unglücklichen Seelen, bleibet stehen und höret doch und vernehmt der Apostel Lehre! Die Apostel lehren uns, dass wir allesamt Kinder des Zorns sind von Natur, dass wir allzumal Sünder sind, dass wir ohne den gekreuzigten und auferstandenen Heiland ewig verloren und verdammt sind.

Sie lehren uns aber auch, dass Jesus für uns gestorben und auferstanden ist, dass wir durch ihn von allen unseren Sünden, vom Tod und von der Gewalt des Teufels erlöst sind. Darum tut Buße und glaubet an den Herrn Jesum Christum, so werdet Ihr empfangen Vergebung der Sünden und die Gabe des Heiligen Geistes.

Ist das große Wunder der Pfingsten an euch geschehen, dann : "Bleibet in der Apostel Lehre!"

Es ist ein großer Unterschied, ob ich in einem Hause als Eigentümer oder als Mietsmann wohne. Ich kann der Apostel Lehre angenommen haben als bloße Lehre, als leere Lehre oder als volles Leben, als Redensart oder als Lebensart, und das ist ein großer Unterschied. Darum bleibet in der Apostel Lehre, aber bleibet recht drin. Bleibt nicht so drin, dass der Apostel Lehre ein toter Buchstabe ist, der Euch tötet, oder eine laue Redensart, die Ihr im Munde führt, bei der aber weder Hand noch Fuß sich rührt. Nein, bleibet so drin, dass Euch der Apostel Lehre zur Lebensart wird.

Es ist ein Krebsschaden der heutigen Christenheit, dass das Christentum jetzt eine Lebensart sondern nur eine Redensart ist. Der apostolische Glaube wird mit dem Munde in allen Gotteshäusern bekannt, aber nicht mir dem Herzen geglaubt.

Man glaubt seinen Glauben nicht und lebt seines Glaubens nicht. Man redet im Leben von Weltverleugnung und lebt in aller Weltfrömmigkeit und Weltseligkeit dahin. Man redet von Opferfreudigkeit und lebt im ärgsten Geiz.

Wollt Ihr so in der Apostel Lehre bleiben, dann seid Ihr noch nie drin gewesen. Nein, bleibet recht in der Apostel Lehre. Wenn ich Euch in Zukunft der Apostel Lehre predige, dass Ihr verdammt seid ohne den Heiland, dann glaubt Euren Glauben und lebt Euren Glauben in Welt - und Selbstverleugnung in Opferfreudigkeit. Weiter bleibt beständig in der Apostel Lehre. Wenn der Teufel Euch die Buße anfechten will mit Zweifel, Unglauben, wenn die Welt Euch verfolgt mit Spott und Hohn, wenn Euer eigenes Fleisch Euch quält mit Trägheit und Unlust, bleibet beständig!
Ganz besonders auch, wenn Leute kommen und wollen Euch mit Menschenpfündlein von der reinen Apostellehre ablocken, bleibet beständig! Wenn Ihr aber fühlt, dass Ihr allein nicht standhalten könnt, so hört denn:

2. Bleibet beständig in der Gemeinschaft!

Es wird in unserer Zeit viel darüber geklagt, dass es so viele Spaltungen und Sekten in unserer Kirche gibt.
Die Klage ist begründet. Aber worin liegt der Grund? Es fehlt an der Gemeinschaft in den Gemeinden. Jeder Christ ist ein Christ für sich. Daher kommt das tote Wesen, das kalte Wesen. Wenn ein Feuer auseinander geworfen wird, so ist's bald ausgegangen, bleibt's aber zusammen, so brennt's länger.

Darum, meine Lieben, mehr Gemeinschaft! Lasset uns mehr Gemeinschaft pflegen in Versammlungen, im täglichen Umgang. Damit Ihr aber zum Bleiben in der Apostel Lehre und zur Gemeinschaft möget gestärkt werden, höret:

3. Bleibet im Brotbrechen!

Es gibt so viele Christen, die gerne an der Himmelsleiter hinaufsteigen möchten, aber sie können nicht hinauf - sie haben keine Kraft. Woher kommt das?
Sie bleiben nicht im Brotbrechen. Das Brot gibt Kraft.
Darum bleibet im Brotbrechen: Seid Ihr bis jetzt im Brotbrechen geblieben? Ich fürchte, die meisten werden bekennen müssen: Ach ja, ich habe einmal, als ich konfirmiert wurde, das gesegnete Brot des Abendmahls genossen, aber seitdem nicht wieder. O mein Christ, wärest Du doch drin geblieben! Denn ich weiß, es ist mit Dir zurückgegangen, seitdem Du das gesegnete Brot nicht gebrochen, Du bist kraftlos und schwach geworden, darum kehre wieder und komme zum Tisch des Herrn, das Brot zu brechen.

Sieh, wenn Dein Heiland seinen Leib hat für Dich brechen lassen im Tode, so solltest Du nicht kommen, das Brot zu brechen in seinem Abendmahl? Sieh!, wenn Du hier auf Erden das Brot nicht essen wirst, so wirst Du es auch nicht essen im Reiche Gottes. Darum kommt und bleibet im Brotbrechen! Ja, wenn Ihr einmal geschmeckt habt und gesehen, wie freundlich der Herr ist, so werdet Ihr bleiben im Brotbrechen, Ihr werdet nicht wieder den Tisch des Herrn verlassen.

Wenn Ihr auch manchmal Euch unwürdig fühlen möget, so betet, dass Ihr würdig werdet und kommt. Bleibt nicht weg vom Tisch des Herrn sondern: Bleibet im Brotbrechen bis an Euer Ende, bis Ihr droben das große Abendmahl halten werdet. Wenn Ihr so die Gnadenmittel des Worts und Sakraments in rechter Gemeinschaft gebraucht und beständig bleibet in der Apostel Lehre, in der Gemeinschaft und im

Brotbrechen, so wird Euch das Gotteshaus gewiss zur Pforte des Himmels. Damit Ihr aber diese Gnadenmittel recht gebrauchen könnt, möchte ich Euch noch ein Mittel empfehlen, das auch zum rechten Gebrauch helfen kann, nämlich das Gebet, und sagen:

4. Bleibet beständig im Gebet!

Ihr betet gewiss alle, denn Beten ist das erste, was ein Sünder tut, und das letzte, was er lässt, d. h., solange Gottes Geist in ihm wirkt. Aber Beten und Beten ist zweierlei. Manche beten wie der Prophet klagt: Ihr nahet Euch zu mir mit den Lippen, aber mit dem Herzen seid Ihr ferne von mir.

Das ist so, wie der Heiland sagt, dass sie plappern wie die Heiden und meinen, dass sie erhört werden, wenn sie viele Worte machen. Darum recht beten! Der Apostel sagt: "Ohne Unterlass." Ihr betet vielleicht am Abend und am Morgen, wenn Ihr euch niederlegt und aufsteht, aber bei der Arbeit wird das Beten unterlassen.

Das ist verkehrt. Beten und arbeiten heißt nicht, erst beten und wenn das Beten abgemacht ist, dann arbeiten, nein, sondern beten und arbeiten zugleich. Wer bei der Arbeit Gott ruft an, wird finden, dass er wohl getan. Darum bleibet im Gebet. Aber für wen denn?

Da mögt Ihr mit Euch selber anfangen. Dann betet für die Euren, für Mann und Weib und Kind, für Knecht und Magd, für Freund und Nachbar, für die Gemeinde, für die Kranken, Armen, Alten und Sterbenden, für Prediger und Lehrer, für Heiden, Juden und Türken, für Verfolger und Feinde, für alle Menschen. Ganz besonders bitte ich einen jeden von Euch: Betet für mich!

So lasst uns bleiben im Gebet, damit täglich Tausende von Gebeten zum Gnadenthron Gottes emporsteigen. Dann wird das Gebet auch zur Himmelsleiter und das Gotteshaus zur Himmelspforte. Darum bleibet im Gebet! Tut Ihr das, so werdet Ihr das andere nicht lassen können, Ihr werdet auch bleiben in der Apostel Lehre, in der Gemeinschaft und im Brotbrechen.

So lasst uns denn zum Schluss die Hände ineinander legen - legt Eure Hand in meine Hand - ich lege meine Hand in des Herrn Hand und lasst uns geloben: Ja, wir wollen beständig bleiben in der Apostellehre, in der Gemeinschaft, im Brotbrechen und im Gebet, ja, mit Gottes Hilfe!

Lasst uns darauf singen: Die wir uns allhier beisammen finden, schlagen unsere Hände ein, uns auf deine Marter zu verbinden, Dir auf ewig treu zu sein, und zum Zeichen, dass dies Lobgetöne deinem Herzen angenehm und schöne, sage Amen und   zugleich: Friede! Friede! sei mit Euch! Amen! Amen!"**

* siehe auch „Pastor Remmer Janssen – Ein Brief Christi" von Günter Maske, Seite 21ff, 1957 von Johannes Mindermann aus Ostgroßefehn herausgegeben

** *„Der apostolische Freimut Janssens, seine Selbstdisziplin und seine äußerste Bedürfnislosigkeit waren unnachahmlich und wirkten doch vorbildhaft ins ganze Land hinein, obschon die Erweckung als solche auf Strackhold und Umgebung beschränkt blieb."*
Zitat von Prof. Gustav Adolf Benrath, „Geschichte des Pietismus" Band 3, Verlag Vandenhoeck & Ruprecht

Pastor Remmer Janssen pflegte auch den Kontakt zum Missionswerk Hermannsburg. Junge Pastoren wurden nach einer 3-jährigen Vorbildung in der Missionsschule von Strackholt nach Hermannsburg zur weiteren Ausbildung gesandt. Das hatten wir doch schon einmal.

Pastor Stracke hatte doch ca. 100 Jahre vorher auch eine Missionsvorschule in Hatshausen gegründet. Die Missionskandidaten wurden dann in Berlin weiter ausgebildet und von dort in die weite Welt gesandt, das Evangelium, die „frohe Botschaft", zu verkündigen. So entstand eine besondere ostfriesische „Tradition".

Von Strackholt wurden die Missionskandidaten dann nach Hermannsburg gesandt, um anschließend den deutschen Gemeinden in Amerika zu dienen.

Dieser Kontakt war übrigens keine Einbahnstraße. Während des 1. Weltkrieges wurden die Glocken der Strackholter Kirche von der deutschen Rüstungsindustrie eingeschmolzen und nach dem Krieg hatte die Gemeinde natürlich kein Geld für neue Glocken.

Da machten die Strackholter Auswanderer in Amerika eine Sammlung und konnten so an Pastor Remmer Janssen 95.207 Mark für neue Glocken spenden.

Diese großartige Liebesgabe löste eine enorme Freude aus und wurde mit einer handgeschrieben Urkunde beantwortet, die vom gesamten Kirchenvorstand unterzeichnet wurde.

Pastor Remmer Jansen dichtete für seine amerikanischen Wohltäter aus Dankbarkeit sogar ein „Glockenlied", welches später auch vertont und oft gesungen wurde:

Das Glockenlied

Es läuten die Glocken am Tage des Herrn,
sie rufen: o kommet von nah und von fern.
O kommt doch und höret das göttliche Wort,
dann werdet ihr selig sein hier und dort,
dann werdet ihr selig sein hier und dort..

Und kommt die geweihte, die Heilige Nacht,
da Gott an uns Menschen in Liebe gedacht,
dann läuten die Glocken: O hört, welche Freud'!
Für Euch ist der Heiland geboren heut!
Für Euch ist der Heiland geboren heut!

Wenn nach dem Stillfreitag der Ostertag kommt,
dann sagen die Glocken uns das, was uns frommt.
Der Heiland der Sünder, der Herr JESUS CHRIST
vom Tode wahrhaftig erstanden ist,
vom Tode wahrhaftig erstanden ist!

Folgt darauf der Pfingst- oder fünfzigste Tag,
dann läuten die Glocken und rufen uns wach.
Sie rufen: „Es kommt heut der heilige Geist,
der auch der Traurigen Tröster heißt
der auch der Traurigen Tröster heißt.

Und legen wir endlich das Pilgerkleid ab,
und senken sie uns in das finstere Grab,
dann läuten die Glocken zur Welt uns hinaus,
hinein in das himmlische Vaterhaus,
hinein in das himmlische Vaterhaus.

Strackholt, den 3. Juni 1920 - R. Janssen, Pastor

51

Zur Freien Christlichen Schule Ostfriesland

Das Singen gehörte zu Pastor Remmers Zeiten zum Glauben. Die Menschen sangen fröhliche christliche Lieder beim Torfstechen und es wurden entsprechende Chöre gegründet. Zu einer Tradition entwickelte sich das Chöretreffen zu Himmelfahrt (meist unter dem malerisch schönen Himmel Ostfrieslands).
2010 versammelten sich 19 Chöre aus dem ehemaligen Kirchenkreis Großefehn zum 150. Mal, um Gott mit Musik und Gesang die Ehre zu geben.

Außerdem entstanden christliche Hausbibelkreise.
Dieses aktive Christentum fand seinen Ausdruck auch in der Landeskirchlichen Gemeinschaft von Spetzerfehn. 6 Prediger sind im Ostfriesischen Verband heute tätig.
Auch der Missionar Johannes Trauernicht kommt aus dem Haus in Spetzerfehn, wo die Gemeinschaft entstand.

Die bekannte **Freie Christliche Schule Ostfriesland** in Veenhusen, die heute ca. 1200 Schüler hat, wurde ebenfalls von einem „Trauernicht" (Werner Trauernicht aus Wiesmoor) 1985 mit initiiert.

Die heutigen Ortsteile Spetzerfehn und Veenhusen liegen in unmittelbarer Nachbarschaft zu Hatshausen, wo Pastor Stracke die Missionssocietät vom Senfkorn gegründet hatte, und zu Timmel.

Hier schließt sich dann der Kreis, der mit dem unscheinbaren Leben und Sterben des **Kinderpredigers Jonas Eilers** aus Timmel begann. Aus einem kleinen Glaubens-Senfkorn wurde ein prächtiger Baum in Ostfriesland, dessen Früchte weltweit bekannt und beliebt sind.

Nachwort

Das Wort „Mission" ist heute alles andere als modern. Es hatte vor einigen Jahrhunderten einen völlig veränderten Stellenwert. In unserer zeitgemäßen Sprache sagt man da lieber : Welche „Botschaft" soll nun „rüberkommen"?

Konnte nun mit diesem Buch „rüberkommen", wie Ostfriesland durch verschiedene Missionen, „missions", geprägt und gestaltet wurde, dann hat es seinen Zweck erfüllt.

Auch ganz kleine, völlig unscheinbare Geschehnisse, die sich im Verborgenen abspielen, können eine unvorhersehbare Wirkung gewinnen. Da passt das Beispiel vom Senfkorn gut.

Wenn dem Leser in diesem Fall verständlicher wurde, warum sich manches in Ostfriesland ganz anders und auch positiv entwickelte, hat sich aller Aufwand gelohnt.
Vielleicht wird man dann bei einigen anderen Dingen in unserer schönen Region genauer hinhören und auch mehr zwischen den Zeilen lesen.

Und eventuell wird anschließend noch freudiger erzählt, warum es in Ostfriesland so schön ist ...

Weiterführende Hinweise zu den angesprochenen Themen sind leicht bei Wikipedia oder über google direkt zu finden.

Auch das biographische Lexikon der Ostfriesischen Landschaft, das ins Internet gestellt wurde, gibt sachdienliche Hinweise. Zahlreiche Bibliotheken und auch das Staatsarchiv in Aurich bieten sich als zusätzliche Fundgruben an.

Zum Autor

Hans-Jürgen Sträter wurde 1953 in Witten geboren und wohnt seit 1996 mit der Familie in Wiesmoor.

Seit seiner Schulzeit interessiert er sich sehr für Geschichte und für das Schreiben von Texten.

2007 gründete er den Adlerstein-Verlag, zuerst nur für seine eigenen Werke, dann auch für Texte anderer Autoren.

In seiner Kirchengemeinde ehrenamtlich aktiv, erforscht er gerne die historische Entwicklung von Ostfriesland, die sehr mit der regionalen Kirchengeschichte verwoben ist.

Seit dem 26. Mai 2013 gehört er zu der neuapostolischen Kirchengemeinde Großefehn.

„Die auf den Herrn harren,
erhalten neue Kraft,
dass sie auffahren mit Flügeln
wie Adler. "
Jesaja 40, 31.

Ostfrieslands leidenschaftliche Pastoren stellt auf lebendige Weise die gewissenhaft recherchierten Lebensbilder von sieben markanten ostfriesischen Pastoren vor, deren Wirken, nicht nur, für die ostfriesische Kirchengeschichte von großer Bedeutung gewesen ist: Hans Bruns und Remmer Janßen, beide ev.-lutherisch, Gerrit Herlyn, Heinrich Oltmann und Carl Octavius Voget, alle ev.-reformiert, den methodistischen Friesenapostel Franz Klüsner sowie den baptistischen Theologen im Bauernrock Harm Willms. Gleichzeitig liefert das Buch auch einen kirchengeschichtlichen Beitrag zu den christlichen Erweckungs-bewegungen im Ostfriesland des 19. und 20. Jahrhunderts sowie zum Verhalten ostfriesischer Pastoren im Dritten Reich. Abgerundet wird der Band durch eine kleine Studie über den frommen Background der bekannten ostfriesischen Schriftstellerin Wilhelmine Siefkes, Mennonitin und Sozialdemokratin.

128 Seiten, ISBN: 9783750427747, € 9,90

Matthias Hilbert

Außergewöhnliche Glaubensboten in Ostfriesland

Vier Personenporträts:
Liudger – Johannes a Lasco –
Menno Simons – Karl Immer

Außergewöhnlich und wagemutig, glaubensstark und opferbereit waren sie alle: Der Friese (und spätere Bischof von Münster) Liudger, der bei der frühen Christianisierung Ostfrieslands eine wichtige Rolle spielte, Der gelehrte polnische Baron Johannes a Lasco, der in der Reformationszeit als Superintendent bestrebt war, bei dem Aufbau und der Gestaltung der evangelischen Kirche in Ostfriesland neue Wege zu gehen und Reformierte und Lutheraner zusammenzuführen, Der friedfertige Täuferführer Menno Simons, der, ständig verfolgt und mit dem Tode bedroht, sich nicht nur nach der Katastrophe des Täuferreiches zu Münster bemühte, die niederdeutsche Täuferbewegung zu einen und ihr eine biblisch fundierte Basis zu geben, sondern der auch in Emden eine viel beachtete Disputation mit a Lasco führte. Der ostfriesische reformierte Pfarrer Karl Immer, der in der Krummhörn eine Erweckung auslöste und im Dritten Reich zum Wegbereiter der Bekennenden Kirche werden sollte.

128 Seiten, ISBN: 9783754323410, € 9,90

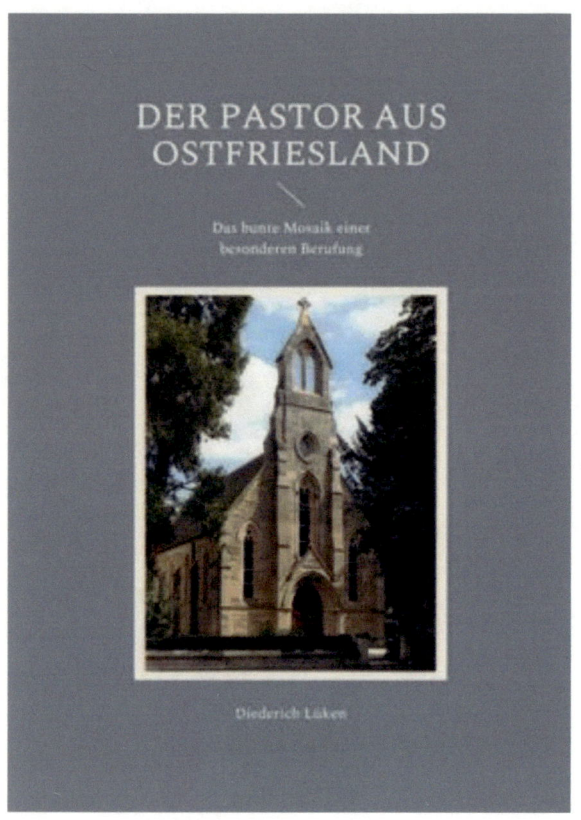

Das Leben eines methodistischen Pastors ist bunt und vielfältig und widerspricht so manchem Vorurteil, als könne man sich auf seinen Pfründen ausruhen. Diederich Lüken lernte unterschiedliche Gemeinden kennen und in ihnen sehr verschiedene Menschen. Er lernte, mit Widerständen zu leben, aber auch die Fröhlichkeit des Glaubens zu schätzen. In diesem Buch schildert er vor allem Erlebnisse, die ein Lächeln hervorrufen. Aber er erzählt auch von dunklen, traurigen Stunden, die ihn auch einmal fassungslos werden lassen. So ergibt sich ein buntes Mosaik, das Fülle, Glanz und Dunkelheit eines Pastorenlebens enthält.

174 Seiten, ISBN: 9783755753407, € 11,90

Andrea Henkelmann

Transvaal

Eine Geschichte über Greta Schoon und ihr
bekanntes Martinilied "Mien lüttje Lateern"

„Bei Saint-Exupéry wird die Begegnung des „kleinen Prinzen" mit dem
Laternenanzünder erzählt. Dessen Aufgabe ist, die Laterne des Abends zu
entzünden und bei Tagesanbruch wieder zu löschen. Aber der kleine
Planet, auf dem er lebt, dreht sich von Jahr zu Jahr schneller. Dennoch ist
der Auftrag - "*la consigne*" -, den der Mann erfüllen muss, der gleiche
geblieben. Darum ist der Mann wie getrieben, er zündet jetzt, da der
„kleine Prinz" ihn besucht, die Laterne pro Minute einmal an und löscht
sie wieder aus. Rastlos tätig, kommt er nicht mehr zur Ruhe. Man kann
diese Szene bei Saint-Exupéry als Gleichnis des modernen Lebens
nehmen. Im Vergleich zu früher hat sich unser Leben ungeheuer
beschleunigt. Aber unser Lebensauftrag besteht unverändert weiter: hart
arbeiten, sein Brot verdienen, mögen auch die Anforderungen an den
Einzelnen immer mehr zunehmen, ebenso wie die Sorgen wegen wirt-
schaftlich-finanzieller Gefahren. Man wird rastlos, hektisch und hat doch
ständig das Gefühl, nicht fertig zu werden. Kaum dass wir es merken,
werden wir Getriebene." („*Glauben im Herbst*" von Dr. Klaus.P. Fischer)

44 Seiten, ISBN: 9783750498082, € 5,00

Hier finden Sie weitere Bücher aus dem Adlerstein Verlag